# SITUATION FINANCIÈRE

# DE L'ESPAGNE

### PAR M. LÉON JAYBERT

AVOCAT A LA COUR IMPÉRIALE DE PARIS

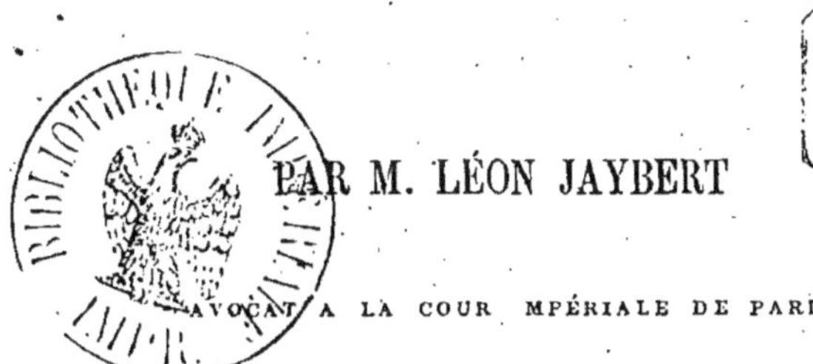

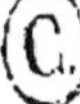

PARIS

A. FAURE, LIBRAIRE-ÉDITEUR

166, RUE DE RIVOLI, 166

1865

Cette étude, que nous livrons à la publicité, parce
qu'elle nous a paru opportune et d'utilité immé-
diate, devait être dédiée à S. M. la reine d'Espagne,
qui vient de se montrer si véritablement reine en
abandonnant généreusement à la nation une partie
de ses biens personnels; mais les lenteurs indis-
pensables pour arriver à obtenir son agrément auraient retardé cette publication, dont le principal
et, peut-être, l'unique mérite est dans son actualité
même.

C'est à regret que nous avons renoncé à deman-
der une aussi précieuse faveur; mais notre intention
reste, et nous plaçons sous les auspices de ce haut
patronage le succès de notre brochure.

Léon Jaybert.

Paris, le 28 mai 1865

# SITUATION FINANCIÈRE

## DE L'ESPAGNE.

L'Espagne commence, en ce moment, une ère nouvelle de prospérité qui doit la replacer au rang des grandes puissances continentales, dont elle était déchue par suite d'un concours de circonstances politiques dont elle déplore sans doute la première les tristes résultats. Ce qui a été toujours un obstacle au développement des ressources matérielles de ce pays, et ce qui financièrement l'a fait tomber en décadence, ce sont les rivalités de partis et le manque d'unité dans la direction des affaires publiques.

Ainsi, au lieu de chercher dans les améliorations intérieures du pays le progrès des idées constitutionnelles et les heureux résultats d'une politique conservatrice, on s'est laissé entraîner par des rivalités de partis qui n'offrent toujours que des conséquences déplorables. Aussi qu'est-il arrivé? C'est que l'instabilité à laquelle ont été soumises les institutions politiques de l'Espagne a été un grave sujet d'inquiétude, qui a dû éloigner pendant long-temps toute entreprise fructueuse et durable. Il faut reconnaître pourtant que cette instabilité tenait et tient encore à des causes matérielles que le concours des capitaux étrangers, notamment des capitaux français, est appelé à faire disparaître. Sous ce dernier point de vue, la situation financière de l'Espagne doit appeler toute notre attention.

La double difficulté qui s'est opposée jusqu'à ce jour, dans la Péninsule, à l'établissement d'un gouvernement fort et incontesté, c'est, d'une part, le manque d'unité morale qui résulte des usages et des traditions de l'esprit provincial en lutte contre le système de centralisation nouvellement inauguré ; de l'autre, l'absence d'unité matérielle et territoriale, conséquence du défaut de communications faciles entre le centre et les diverses parties du royaume. En remédiant au second de ces maux intérieurs, on fera donc disparaître le premier, bien plus sûrement que par tous les procédés législatifs et les sévérités administratives.

Le mauvais état des finances publiques, fruit des bouleversements intérieurs, ne saurait être, il faut bien le reconnaître, un motif d'appréhensions aussi vives qu'on paraît se l'imaginer à l'étranger. Par cela seul qu'il est une conséquence, il doit disparaître avec la cause qui la produit, et quoique pour le moment on s'en préoccupe beaucoup, si l'on veut ne pas reculer devant un examen sérieux des charges financières que le passé a léguées au Gouvernement actuel, on pourra se convaincre facilement qu'à côté d'immenses difficultés, on rencontrera des réformes possibles et des chances certaines de progrès.

C'est, au reste, cet examen que nous allons aborder, et après avoir énuméré les embarras du trésor espagnol et les ressources qu'il possède pour y faire face, il sera facile de rechercher à quelles conditions les capitaux étrangers, combinés avec les forces nationales, peuvent assurer la régénération matérielle d'un pays appelé à en recueillir les avantages moraux et politiques qui doivent le replacer au rang qu'il doit occuper parmi les grandes *nations continentales*.

# I

## ÉTAT DES FINANCES ESPAGNOLES

L'étude des finances espagnoles s'offre avec des difficultés et des obscurités telles qu'il semblerait d'abord presque impossible de suivre, depuis son origine jusqu'à nos jours, la dette publique de la Péninsule dans ses accroissements successifs, dans ses réductions forcées et ses transformations multiples, sans omettre quelques-uns des éléments qui la composent. Établie par des pouvoirs hostiles et des gouvernements contraires, reconnue par les uns, niée par les autres, la dette espagnole autorise ces difficultés et doit provoquer, par sa nature, d'injustes préventions. Nous allons toutefois en donner un aperçu impartial et à peu près exact.

Nous commencerons d'abord par emprunter à la cote des valeurs leurs dénominations; nous reviendrons ensuite à l'état actuel de la dette, après avoir passé par les transformations nombreuses qu'elle a subies.

Dans le journal officiel espagnol, on lit à l'article *Bourse* les titres suivants :

« 3 pour 100 consolidé, — 3 pour 100 différé ; — dette amortissable, 1ʳᵉ classe ; — dette amortissable, 2ᵉ classe ; — *matériel préféré* et *non préféré* avec intérêts, — matériel sans intérêts, dette du personnel.

« Divers emprunts sont également inscrits sur la cote des valeurs ; enfin on voit classés, sous le nom d'emprunts de *fomento*, plusieurs émissions de titres destinés à l'établissement des routes, des canaux, des chemins de fer, et représentés par des actions de 250, 500 et 1,000 fr. avec intérêt 6 pour 100. »

Voici quelques explications nécessaires pour faire comprendre le sens de ces dénominations :

Le 3 pour 100 consolidé signifie la rente portant un intérêt assuré et définitif de 3 pour 100.

Par 3 pour 100 différé, on entend la rente qui ne produit pas encore l'intérêt entier de 3 pour 100, et qui n'en jouira que dans un certain délai.

La première rente vaut aujourd'hui à peu près 42 pour 100 de sa valeur nominative, la seconde 25, et rapporte seulement 1 1/4 pour 100.

La dette amortissable de 1ʳᵉ et de 2ᵉ classe ne rapporte aucun intérêt, mais elle est appelée à disparaître entièrement et à ne plus figurer sur le grand-livre, par suite d'un amortissement successif assez élevé. La dette amortissable de 1ʳᵉ classe étant composée d'obligations dont l'origine et la nature ont paru mériter la faveur d'un amortissement exceptionnellement rapide, il s'ensuit qu'elle a plus de faveur que la dette amortissable de 2ᵉ classe.

De là, une différence dans le prix de ces deux catégories de dette amortissable : la première s'est négociée à 11 ou 12 pour 100 de sa valeur nominale, la seconde seulement à 6 ou 7.

La dette du *matériel préféré* ou *non préféré* avec intérêts représente des obligations contractées par le Trésor dans des circonstances critiques et pour des besoins urgents. Dans ce cas, le Trésor espagnol a émis des bons garantis ou non par des gages particuliers et des revenus spéciaux : de là les noms *préférés* et *non préférés*. La valeur de ces bons est devenue à peu près la même, les gages ayant été distraits de leur objet : ils se négociaient à 44 pour 100 de leur valeur nominale, tandis que le matériel sans intérêts n'en représentait guère que 34. Le taux assez élevé de ces bons se justifie en soi par l'importance de la somme affectée à l'amortissement.

Quant à la dette du *personnel,* dont le nom explique suffisamment l'origine, dette qui ne rapporte aucun intérêt, et qui est aussi amortissable, elle ne vaut ou ne valait guère que 12 ou 13 pour 100 de son capital nominal.

Toutes ces dettes, par leur nature, leurs complications, ne pouvaient pas, comme on voit, aider l'Espagne à rétablir sa mauvaise réputation financière, malgré ses immenses ressources naturelles négligées par le tempérament espagnol, rebelle aux progrès matériels.

La dette d'Espagne se divise, en outre, en dette intérieure et en dette extérieure. Le taux de cette dernière, représentant les emprunts faits hors du pays, varie suivant les places où elle se cote.

La dette intérieure ou extérieure se subdivise encore en dette convertie ou non convertie, selon que les créanciers du gouvernement espagnol ont accompli ou non les formalités requises pour l'échange des anciens titres contre les nouveaux, créés par les diverses transformations dont nous parlerons plus loin.

L'ensemble de toutes ces obligations s'élevait, au commencement de l'année 1856, époque où l'on commença à sentir la nécessité d'introduire dans le budget des réformes financières, à 13,506 millions de réaux ; et dans le budget de la même année le service annuel de la dette nécessitait une allocation de 261 millions de réaux, amortissement compris. Nous verrons comment et pour quels motifs les budgets suivants se sont accrus.

A ces chiffres il faut ajouter encore l'emprunt tout récemment adjugé à Madrid, enfin le montant de la dette flottante qui, pour n'être pas consolidée et liquidée, n'en doit pas moins figurer au passif de l'État. D'après l'ensemble de ces diverses obligations, il est permis de porter approximativement le chiffre de toute la dette espagnole à 16 milliards de réaux, soit 4 milliards de francs, surtout si l'on tient compte des sommes que le gouvernement devra allouer nécessairement pour faire cesser toute réclamation étrangère.

Comment la dette espagnole est-elle parvenue à ce chiffre, ou plutôt comment ne l'a-t-elle pas dépassé ? Quelle est l'histoire des emprunts contractés par le gouvernement de ce pays, des réductions, des transformations successivement introduites ? C'est ce que nous allons exposer aussi brièvement que possible.

Les plus anciens emprunts espagnols remontent, dit-on, au treizième siècle ; c'est principalement au règne d'Isabelle et de Ferdinand et aux dépenses faites pour la conquête de Grenade qu'on reporte l'origine de la première dette perpétuelle, appelée *los juros*, qui n'était qu'un gage donné à perpétuité sur les revenus de la couronne.

On fit un grand abus des *juros*, qui avaient d'abord été très-recherchés ; mais les princes de la maison d'Autriche les discréditèrent, Charles-Quint en s'en servant pour les besoins de sa politique impériale, Philippe II pour entretenir la guerre de Flandres.

Aussi, en 1625, l'intérêt des *juros* fut-il réduit à 5 pour 100 ; on déclara même comme nuls certains prêts taxés d'usuraires, et on établit des catégories politiques en matière d'argent, comme si une dette devait avoir plus ou moins de valeur, selon le caractère du prêteur. Enfin, dans les dernières années du dix-septième siècle, les intérêts des *juros*, qui s'élevaient à la somme de 64 millions de réaux pour un capital versé de 1 milliard 260 millions, ne sont plus acquittés, et les *juros* se négocient avec une perte de 94 pour 100.

A son avénement au trône, la maison de Bourbon trouva les finances espagnoles dans une triste situation ; les difficultés soulevées par la guerre de succession l'aggravèrent encore. Depuis ce moment, les finances du royaume sont dans un désarroi complet jusqu'en 1815. Il nous suffira de l'indiquer sommairement.

A la paix d'Utrecht, l'intérêt des *juros* est abaissé de 5 à 3 pour 100.

A la fin du règne de Philippe V, au moyen de nouveaux emprunts, on rehausse le capital des *juros* à 1,100 millions.

Charles III, surnommé à juste titre *le Bienfaisant* pour la prospérité intérieure dont il dota l'Espagne, entraîné par la France à prendre parti contre l'Angleterre dans la guerre de l'indépendance américaine, se voit réduit non-seulement à contracter de nouveaux emprunts, mais encore à recourir à la dangeureuse mesure de la création du papier-monnaie. La première émission en fut faite en 1780, et se monta à la somme de 148 millions de réaux à 4 pour 100 d'intérêts, amortissables en vingt ans. Le total du papier créé par ce prince ne tarda pas à s'élever à 533 millions de réaux ; et c'est sous son règne qu'eut lieu la première vente des biens ecclésiastiques, après l'expulsion des jésuites, et que fut imposée au clergé la première contribution sous le nom de *subsidio ecclesiastico*. Cette mesure reçut la sanction du pape.

Lorsque Charles IV engage son pays dans la ligue formée par l'Angleterre contre la révolution française, la situation du trésor espagnol devient de plus en plus déplorable.

En 1796, les recettes descendent de 675 millions de réaux à 478, et les dépenses montent de 1,117 à 1,442. Dans une seule année, le découvert n'est pas moindre de 820 millions de réaux ; à la paix d'Amiens, il atteint le chiffre énorme de 4 milliards 800 millions de réaux. Aussi les fonds espagnols tombent-ils au prix de 53 ; sans compter que, pour subvenir aux dépenses publiques, on employa les émissions de papier, des emprunts avec obligations et lots tirés au sort et autres expédients. Les communautés religieuses et le commerce eux-mêmes furent mis à contribution.

En 1804, l'Espagne ne s'appartenait plus, Napoléon lui ayant imposé un roi. Aussi, dès l'année 1808, la dette espagnole s'élève-t-elle à 7 milliards 200 millions. Le papier-monnaie, qui perdait déjà, en 1806, 49 pour 100, éprouvait successivement la dépréciation suivante :

Il se négociait à 72 pour 100 de perte en 1808 ;

en 1809, à 90 pour 100 de perte, et en 1811, à 96 pour 100.

Il fallut, pour relever le crédit moral et financier de l'Espagne, tombé au dernier degré d'abaissement, que les représentants du peuple espagnol promulgassent, à Cadix, le célèbre décret du 13 septembre 1811, par lequel toutes les dettes, tant anciennes que nouvelles, étaient solennellement reconnues; une capitalisation de 1 1/2 pour 100 était accordée pour tous les intérêts non touchés. On trouvait, dans ce même décret, exposées à l'avance et dans la prévision du rétablissement de la paix, les règles les plus efficaces pour la bonne administration des ressources de l'État.

Nous verrons que ces règles sages furent appliquées d'une manière utile en 1845, et qu'elles ont été suivies jusqu'à nos jours, composant ainsi le véritable système financier dont l'Espagne ne doit pas s'écarter, si elle comprend bien ses intérêts.

La paix justifia, en effet, la confiance de ceux qui, dans les jours les plus mauvais, n'avaient pas désespéré du crédit, c'est-à-dire de l'honneur financier du pays. Le papier de l'État remonta alors au cours de 44 pour 100; néanmoins la dette ne se trouva pas moindre de 11 milliards 735 millions, c'est-à-dire que la guerre de l'indépendance avait coûté 4 milliards et demi.

Dans ce rapide exposé de l'histoire financière de l'Espagne, on doit distinguer deux périodes, dont l'une se termine avec la guerre de l'indépendance, celle que nous venons d'esquisser ; dont l'autre commence avec la restauration du pouvoir absolu, celle que nous allons exposer.

En reprenant possession non-seulement de son trône, mais d'un pouvoir sans limites, Ferdinand VII parut animé de bonnes intentions, du moins sous le rapport financier. Le ministère de don Martin Garay avait fait concevoir de grandes espérances qui devaient se réaliser par de véritables et sérieuses économies. Mais le mouvement de 1820, en attestant les excès du pouvoir royal, aggravait le poids des charges publiques. La dette reconnue par les cortès s'élevait à 14 milliards 361 millions de réaux, auxquels il fallut ajouter les 2 milliards de quatre emprunts nationaux contractés au dehors, et dont le quart à peine fut perçu par l'Espagne.

Dans cette situation obérée, immédiatement après l'intervention française, Ferdinand VII déclara nulles toutes les obligations souscrites par les cortès ; c'était déjà discréditer l'honneur et la solvabilité de son gouvernement ; mais, comme compensation, il se reconnut débiteur de 278 millions envers le gouvernement étranger venu à son aide, et il n'eut lui-même d'autre ressource, pour satisfaire aux charges publiques, que des emprunts toujours renouvelés et de plus en plus onéreux.

Nous n'entrerons point dans les détails de l'emprunt Aguado, que tout le monde connaît ; nous dirons seulement que, malgré l'habileté de ce banquier, qui fut le prêteur chargé de pourvoir presque exclusivement aux besoins du roi d'Espagne, malgré ses procédés de liquidation, il greva la dette publique d'une nouvelle somme de 2 milliards 181 millions.

C'est, au reste, à la fin du règne de ce roi qu'on voit contracter pour la première fois un emprunt de 3 pour 100, négocié en partie à 26 3/4 pour 100 ; et c'est également pendant cette courte période d'une vingtaine d'années que furent élaborés les trois premiers projets de règlement de la dette espagnole.

Le dernier de ces essais dus à l'initiative du gouvernement de Ferdinand VII mérite d'être signalé. « Il fut décrété, dit un auteur contemporain, que le grand-livre de la dette publique ne pourrait pas contenir plus de 200 millions de réaux de créances inscrites. Au delà de ce chiffre, nulle espérance d'intérêt n'était permise. Après un remaniement qui avait pour but de décider quels seraient les créanciers privilégiés portés à ce nouveau livre d'or, tous les autres devaient attendre que le sort les appelât à y prendre place au fur et à mesure des extinctions produites par l'amortissement. »

C'était, comme on voit, un mécanisme ingénieux et économique, puisque, sur une dette de 14 milliards de réaux, on n'en reconnaissait que 200 millions ; mais il ne pouvait pas aider beaucoup au crédit épuisé de l'Espagne. Aussi les cortès, convoquées par la reine Marie-Christine, lui substituèrent-ils un quatrième projet de conversion, plus équitable, il est vrai, mais qui n'eut pas de plus heureux résultats.

Enfin le fameux vote de confiance de 1836 laissa à M. Mendizabal la latitude absolue d'assurer par tel moyen qui lui semblerait convenable le sort de tous les créanciers de l'État. Le moyen trouvé fut le désamortissement des biens ecclésiastiques, ou, pour mieux dire, la cessation du droit de mainmorte, qui régissait toutes les propriétés appartenant à des corporations.

Grâce à cette nouvelle ressource, le ministre des finances s'était flatté d'éteindre en cinq ans toute la dette courante et toute la dette non consolidée, dont une énorme quantité fut, dans le premier exercice, convertie en 5 pour 100 consolidé. Mais, dès la seconde année, ce nouveau projet de règlement avait subi le sort des précédents, et de la loi de désamortissement il ne restait que la faculté de payer avec les anciens papiers de l'État les biens nationaux vendus publiquement. Ce n'est que de nos jours que le désamortissement a pu produire de bons résultats financiers, ainsi que nous l'indiquerons plus loin.

Nous ne parlerons de la nouvelle guerre de succession qui éclata à la mort de Ferdinand VII, que pour dire qu'elle ne coûta pas moins de 4 milliards de réaux, et que les embarras financiers de la Péninsule ne firent que s'accroître. A ces embarras se joignirent de nouvelles difficultés, qui, sous la régence d'Espartero, se traduisirent par le triste expédient des ressources anticipées.

Ce n'est, au reste, qu'en 1845, que l'Espagne put jouir d'un gouvernement plus stable, plus régulier, et qu'elle montra alors, pour la première fois, quels progrès elle saurait réaliser sous un régime d'ordre et de légalité.

En moins de cinq années, sous la sage administration de M. Mon, ministre des finances du cabinet présidé par M. le duc de Valence, l'assiette et la perception des impôts furent remaniés et établis sur des bases régulières et uniformes. Une législation analogue à la nôtre remplaça enfin les modes bizarres et variés à l'infini des anciennes taxes locales. Au moyen de ces réformes, les seules qui pouvaient sauver l'Espagne d'une ruine financière imminente, les recettes s'effectuèrent avec exactitude, les dépenses furent ponctuellement acquittées, et après avoir soldé le chiffre d'anticipation au moyen d'une consolidation partielle, M. Mon, en quittant la direction des finances, laissa un budget réglé en équilibre.

La voie des réformes étant ouverte, M. Bravo Murillo suivit l'exemple du plus illustre de ses prédécesseurs en proposant une loi de comptabilité générale, destinée à réformer les habitudes vicieuses des agents du trésor. C'est à lui qu'est due encore l'œuvre du règlement de la dette, entreprise trois fois de 1814 à 1834, et cela sans succès; tentée de nouveau par les cortès convoquées au début de la régence de Marie-Christine, et essayée tout aussi vainement par Mendizabal. Cinq ans de mise en pratique de la loi du 1er avril 1851 prouvèrent que cette loi était bien conçue, proportionnée aux ressources de l'Espagne et aussi équitable que possible à l'égard des intérêts nombreux et opposés qu'il s'agissait de satisfaire.

Voici un aperçu de ces sages dispositions.

La loi de 1851 réduisit à 3 pour 100 l'intérêt de toute la dette espagnole ; elle la divisa en dette perpétuelle et en dette amortissable.

La dette perpétuelle 3 pour 100 se subdivisa en consolidée et en différée.

La consolidée se composa de la dette actuelle 3 pour 100 intérieure et extérieure, et jouit d'un intérêt de 3 pour 100 payable en argent à Madrid et hors de l'Espagne. La première émission de 4 pour 100 avait été faite à la fin du règne de Ferdinand ; la seconde eut lieu sous la régence d'Espartero, pour consolider les intérêts étrangers.

La dette différée ne porta d'abord qu'un intérêt de 1 pour 100, qui, s'accroissant de 1/4 pour 100 tous les dix ans, à partir d'une première période de quatre ans, doit être par conséquent complet au 1er juillet 1869. La dette différée comprit encore le capital de la dette consolidée intérieure et extérieure 5 et 4 pour 100, et la moitié des intérêts accumulés, échus et non payés jusqu'au 30 juin

1851 ; elle provenait de toutes les conversions précédentes qui avaient réduit en nouveaux 5 et 4 pour 100 consolidés, mais pour une partie seulement de leur capital, les anciennes obligations de l'État.

La dette amortissable, d'un autre côté, était divisée en deux catégories : la première comprenait les capitaux de la dette courante, de la dette provisoire, les bons non consolidés; — la seconde, les dettes appelées *sans intérêts, passive* et *différée* de 1831.

D'autres stipulations firent rentrer dans la catégorie des dettes 5 et 4 pour 100, soit pour la totalité, soit pour une partie de leur capital, des créances diverses provenant de titres étrangers non convertis depuis les règlements de 1831 et de 1834, ou des créances sur l'État pour avances, réparations, dommages, etc., cotées aujourd'hui sous le nom de *billet du matériel* et du *personnel*.

Le décret du 1ᵉʳ avril 1851 prescrivait, en outre, un délai pour la conversion des anciens titres 5 et 4 pour 100 en nouveau 3 pour 100 différé, délai passé lequel les porteurs n'auraient le droit au payement des arrérages que six mois après la conversion de leurs titres. Ce délai a toujours été prorogé, et il restait encore en 1857 une grande quantité de titres à convertir.

Au commencement de 1856, la somme de ces valeurs non converties se montait à près de 2 milliards 1/2 de réaux. Le total, au contraire, des anciens titres de la dette publique qui furent annulés par suite de conversion et d'amortissement, depuis le 1er avril 1851 jusqu'au 1er janvier 1856, et de la dette amortissable qui a été rachetée dans les adjudications, s'élevait à 9 milliards 863 millions de réaux. La dette différée intérieure convertie figurait dans ce chiffre pour 1 milliard 610 millions, et la dette différée extérieure convertie pour 3 milliards 164 millions.

Avec la loi de 1851, les finances de l'Espagne ne pouvaient manquer de prospérer, et l'avenir se présentait sous de brillants auspices ; le crédit public commençait à renaître, lorsque éclata la révolution de 1854, qui vint susciter, avec les troubles intérieurs, des embarras au gouvernement et par suite au trésor. Nous n'entrerons point dans les détails de cette période d'agitation et de guerre civile qu'on ne saurait trop désapprouver dans l'intérêt même de cette généreuse nation tourmentée par le malheureux esprit de parti ; nous dirons seulement que M. Madoz, en prenant possession du ministère des finances, se trouvait en présence d'une dette flottante de 800 millions de réaux et n'avait en ressources disponibles que 432,000 réaux ou 108,000 francs ; aussi fut-il obligé de recourir aux plus durs expédients. Alors éclatèrent ces désordres administratifs et financiers qu'il est inutile de rappeler et qui se trouvent dans la mémoire de tous les Espagnols. On peut, au surplus, juger de leur effet par l'accroissement que prit alors la dette flottante, cette ressource ruineuse des mauvais gouvernements.

En 1851, la dette flottante montait à 341 millions de réaux, en octobre 1853, à 516.

Mais on la voit atteindre le chiffre de 650 en juillet 1854, et sous le ministère de M. Madoz, elle s'élève au maximum de 820 millions de réaux. Cet accroissement est d'autant plus sensible et démontre quelle était la situation du trésor à cette époque, en le rapprochant des divers budgets de chaque année.

En 1850, le budget ne présentait qu'un déficit de 6 millions de réaux, dû à des découverts antérieurs.

En 1851, les dépenses présumées sont de 1 milliard 449 millions de réaux, et les dépenses réelles de 1 milliard 527 millions.

En 1852, les premières étaient évaluées à 1 milliard 328 millions, les secondes montent à 1 milliard 480 millions.

En 1853, le budget présente les chiffres de 1 milliard 426 millions, contre 1 milliard 542 millions.

En 1854, les dépenses présumées sont de 1 milliard 586 millions, et les dépenses réelles de 1 milliard 760 millions.

Enfin, en 1855, au mois de mars, la différence entre les premières et les secondes qui devaient être effectuées atteignait 162 millions de réaux, et l'on avait à supporter comme dépense extraordinaire l'emprunt forcé de 230 millions de réaux, lequel devait être remboursé immédiatement.

Telle était la situation faite au trésor par la révolution de 1854. Mais ce qu'elle fit encore de plus déplorable au point de vue de l'intérêt social et de celui du trésor, ce fut de substituer l'impôt appelé *derrama* à celui des *consumos*, qu'on abolit sous le prétexte du soulagement des classes pauvres.

Pour compenser la perte de 156 millions de réaux que cette mesure faisait supporter au trésor, on commença par frapper la propriété territoriale d'une nouvelle charge de 50 millions de réaux.

Or, en Espagne, comme ailleurs, les petits propriétaires sont en majorité, attendu que, sur 3,350,000 contribuables, 2 millions d'entre eux n'ont pas un revenu supérieur à 320 réaux par an, soit 80 francs; et 725,000 possèdent un revenu de 1,000 réaux, ou 250 francs seulement.

La révolution le savait bien. Que fit-elle encore? Elle n'hésita pas d'établir, en outre, un nouvel impôt, appelé *derrama* général ou répartition, sorte de contribution à la fois territoriale et industrielle, qui devait fournir 80 millions de réaux, et qu'on laissait aux autorités locales le soin de répartir. Le *derrama* ne devait pas survivre aux inventeurs de cet expédient; il tomba dans le discrédit avec la chute du ministère des progressistes.

Deux années de révolution eurent pour résultat :

l'accroissement de l'impôt territorial, la dette flottante doublée, deux impôts forcés, des négociations
de titres représentant un capital trois ou quatre
fois supérieur aux sommes reçues, la dette de l'État
accrue de plus de 3 milliards, enfin les persécu-
tions exercées à tour de rôle par chaque parti
vainqueur jusque dans les localités les moins importantes, telle a été la situation de l'Espagne depuis 1832 jusqu'en 1857. Qu'on s'étonne maintenant qu'au milieu de toutes ces discussions le
trésor public de ce pays ait été obéré !

Il est une opinion généralement accréditée, à
savoir qu'il reste à l'Espagne de grands progrès
à accomplir; cela n'est vrai que pour le progrès
matériel. Car, sous le rapport religieux et moral,
au point de vue même de l'instruction, et pour tout
ce qui a rapport à la bienfaisance, ce pays possède toutes les institutions qui existent chez les
peuples les plus avancés.

Ainsi les établissements d'éducation y sont aussi
nombreux que les établissements de bienfaisance.
La statistique établit cet état de prospérité de la
manière suivante :

Pour une population de 16 millions d'habitants,
on trouve 7 établissements généraux de bienfaisance, 215 établissements provinciaux, 1,101 mu-
nicipaux, 262 particuliers, 182 destinés à porter
des secours à domicile. La ville de Madrid seule
possède 21 hôpitaux.

L'Espagne possède, en outre, les *positos* ou

greniers de réserve, qui existent dans 26 provinces et prêtent du blé aux agriculteurs pauvres et aux veuves, institution philanthropique de prévoyance qui n'existe dans aucun autre pays. Elle possède encore les *hermandades* ou confréries, les *montes-pios*, sociétés d'assistance mutuelle formées dans toutes les classes actives de la société, et multipliées à tel point qu'on trouve même un *monte-pio* destiné à subvenir aux besoins des enfants et des veuves des juges de première instance.

Relativement à l'instruction publique, dont un programme gradué et complet a été mis en exécution en 1857, elle est, pour l'enseignement primaire, *gratuite et à la charge des municipalités*. Le journal officiel établit qu'au commencement de 1859 on comptait 15,491 écoles primaires pour les garçons, et 6,111 pour les filles; 394 écoles étaient destinées aux adultes, et 192 seulement aux petits enfants.

Le nombre des élèves qui fréquentaient ces établissements s'élevait à 1 million sur 2 millions et demi d'enfants âgés de 6 à 13 ans qui auraient pu y être admis. On a constaté enfin que, depuis 1855 jusqu'en 1860, il a été ouvert plus de 3,500 écoles, et que le nombre des élèves s'est accru de 123,000. A l'heure qu'il est, le nombre des écoles a doublé, et celui des élèves quadruplé, comparativement à l'état de progrès où se trouvait déjà l'instruction publique en 1859.

Ainsi ces chiffres démontrent d'une manière évidente qu'en Espagne le progrès moral a devancé le progrès matériel. Cela tient à ce que le tempérament du peuple espagnol, rebelle aux progrès matériels, ne semble pas encore être suffisamment façonné à cette existence laborieuse qui a surtout le gain pour mobile et l'accroissement de la consommation publique pour résultat. Nous allons voir néanmoins qu'à partir de 1860, à mesure que la situation financière du pays se consolide, le public espagnol, qui semblait jusqu'à ce jour se désintéresser des biens de ce monde et dédaigner le profit matériel, tend de plus en plus à comprendre que les améliorations morales d'un pays ne suffisent point pour sa prospérité sans les améliorations matérielles.

## II

DU REVENU PUBLIC — ÉTAT DE LA DETTE

Après avoir ramené dans les finances l'ordre et
la régularité nécessaires pour ne point retomber
dans les errements du passé, le gouvernement espagnol a dû se préoccuper à juste titre de bien
asseoir les bases du revenu public. C'est en éta-
blissant une juste balance entre les recettes et les
dépenses qu'il pouvait espérer de réaliser une véritable réforme économique réclamée par tous les
partis arrivés au pouvoir, sans qu'aucun, excepté
le parti modéré, dont M. Mon a été la plus impor-
tante personnification, soit parvenu à l'accomplir.

Pour arriver à comprendre comment il est possible d'équilibrer les recettes et les dépenses,
voyons quels ont été les divers budgets espagnols
aux différentes époques, comparés au dernier bud-

get qui, avec les ressources ordinaires, a été porté à la somme de 1 milliard 934 millions de réaux ; c'est le chiffre le plus élevé qui ait encore été imposé aux habitants de la Péninsule.

Afin de justifier une telle augmentation, il importe de reconnaître que le budget espagnol, contrairement à ceux des autres États européens, ne s'est pas modifié d'une manière insolite depuis une longue période d'années.

Ainsi, sous Charles III, en 1788, le budget de la monarchie s'élevait à 1 milliard 823 millions de réaux, et sous Charles IV, à 1 milliard 600 millions.

Le budget de M. Ballesteros, sous le régime absolu de Ferdinand VII, ne montait qu'à 450 millions ; mais il ne renfermait aucune allocation ni pour la dette, ni pour la marine, ni pour le clergé, ni pour les classes passives (pensionnaires de l'État) ; de sorte que, d'après les chiffres actuels des dépenses, il faudrait y ajouter 1 milliard, ce qui porterait le budget du gouvernement de Ferdinand VII à 1 milliard 450 millions.

Mais, sans remonter plus haut que la réforme financière dont l'honorable M. Mon est l'auteur, et que l'établissement du nouveau système dont il a été question plus loin, le chiffre des dépenses ordinaires n'était, en 1845, que de 1 milliard 183 millions de réaux, et, jusqu'en 1853, il n'a pas dépassé 1 milliard 407 millions ; mais il est vrai que les dépenses provinciales et municipales n'y figuraient pas.

En 1856, le total de toutes ces dépenses montait à 1 milliard 700 millions de réaux environ ; or il n'est pas aujourd'hui de 2 milliards. Il ne faut pas croire toutefois que cette fixité du chiffre des dépenses ordinaires, qui caractérisent l'activité de la vie sociale ; que l'immobilité dans le rendement de ces impôts, qui sont le thermomètre de la prospérité publique, doivent être considérés ici comme un bien. Nous sommes de l'avis d'un célèbre économiste espagnol qui disait dans une séance des cortès, et cela avec une juste raison : « Si les dépenses ordinaires de l'Espagne ne se sont pas accrues dans une plus forte proportion, il faut le regretter doublement, puisque les recettes ordinaires ne suffisaient même pas à solder les dépenses de même nature, et que le déficit dans le budget, comme l'immobilité dans l'existence sociale, était permanent. » L'élévation du chiffre des dépenses d'un budget ne doit être considérée comme un mal qu'alors seulement que ces dépenses ne sont pas employées dans un but d'utilité générale et en vue d'augmenter la richesse nationale. Ce qui légitime les dépenses, c'est le revenu qui produit les recettes, lorsque ce revenu est le produit, à son tour, du bien-être général.

Le revenu public en Espagne se compose :

1° Du produit de l'impôt foncier, de celui des patentes, des hypothèques, des mines ;

2° Du produit des impôts indirects, droits de *puertas* et de *consumos*, qui frappent la viande, le vin, l'eau-de-vie, l'huile, etc. ;

3° Enfin, des rentes, des articles de régie et des revenus des douanes, etc.

Dans le budget de 1857, les deux premiers articles de recettes étaient évalués à 144 millions de francs ; le dernier, augmenté de la retenue sur les traitements des fonctionnaires, s'élevait à 221 millions ; ensemble 365 millions de francs ou 1 milliard 460 millions de réaux.

Dans le budget de 1857, les contributions directes ou indirectes figuraient pour 160 millions de francs, les *rentas estancadas* et droits de douanes, pour 200 millions environ ; 30 millions provenaient de différentes sources de revenus afférents à chaque ministère, ensemble 390 millions de francs, ou 1 milliard 560 millions de réaux. La ressource de la retenue du traitement des fonctionnaires ne figurait plus au troisième chapitre du budget, et les deux premiers présentaient une augmentation de plus de 25 millions de francs sur l'année précédente. Les revenus augmentèrent les années suivantes, par suite des réformes économiques dont nous aurons bientôt l'occasion d'indiquer l'importance.

Une chose qui frappe l'esprit en parcourant ces divers budgets, c'est que le chiffre de l'impôt en Espagne, par rapport à la population, est relativement faible. En France, chaque habitant paye à l'État 45 francs, en Espagne 25. Mais la différence paraît encore plus sensible, si l'on oppose au nombre des habitants l'étendue des terres qu'ils possèdent.

La France renferme 36 millions d'habitants sur 9,748 milles carrés, l'Espagne 16 millions sur 8,598 milles. A production, à fertilité égales, l'impôt foncier pourrait, en Espagne, frapper chaque habitant plus fortement qu'en France. Néanmoins, avec une étendue de territoire à peu près la même, l'Espagne n'a supporté jusqu'à présent qu'un impôt foncier de 75 millions de francs, porté depuis peu d'années à 87, mais qui ne s'élève encore approximativement qu'au quart de notre impôt foncier.

Afin de donner au revenu public les ressources nécessaires pour combler le déficit que présentait chaque année le Budget, on dut faire produire à l'impôt plus qu'il n'avait produit par le passé. C'est ainsi que le ministre des finances du cabinet O'Donnel, Salaverria, commença par maintenir l'augmentation de l'impôt direct proposé par M. Mon, et cela dans le but de provoquer par une large extension de travaux un développement plus rapide de la richesse publique.

Les impôts indirects ou de consommation, que les cortès avaient abolis à la révolution de 1854, et qui comptaient pour 35 millions de réaux dans le budget de 1856, étaient estimés dans celui de 1858 comme devant fournir la plus large part des 25 millions de francs d'augmentation que les impôts directs et les *consumos* étaient appelés à produire par rapport au budget précédent. Il était évident que l'impôt des *consumos* accusait alors une assiette et une perception insuffisantes. M. Salavierra l'avait si bien compris que, dans le Budgèt de 1860, il s'empressa d'introduire trois dispositions nouvelles en vue d'augmenter les revenus de l'État. Par l'une, il modifia avantageusement les tarifs de quelques articles de consommation; par les deux autres, il changea les classes et le prix du papier timbré et soumit à l'impôt la transmission des biens mobiliers. Il fit plus encore, car, à l'appui du Budget de 1861, il annonça la prochaine proposition d'une réforme douanière, autre source de revenu très-négligée dans la Péninsulé.

La modicité relative des impôts espagnols, et en particulier de l'impôt foncier, est incontestable. En 1845, M. Mon établit une contribution directe de 300 millions de réaux, plus faible que l'ancienne dîme. La contribution foncière est portée aujourd'hui à 400 millions de réaux, soit 100 millions de francs; n'est-ce pas rester au-dessous du possible et du juste pour un territoire à peine inférieur à celui de la France, et riche des productions de l'Asie et de l'Europe aussi bien que des plantes océaniques et des végétaux africains?

L'impôt foncier, d'après la loi espagnole, ne doit pas atteindre 14 pour 100 du revenu réel. Mais ce revenu lui-même, grâce aux voies de communications nouvelles, est destiné à s'accroître, et le territoire espagnol, qui pourrait facilement nour-

rir une population à peu près égale à la nôtre, sup-
porterait aisément un impôt foncier plus en rapport
avec la contribution foncière en France, qui est
près de trois fois plus élevée.

Les mêmes réformes ont été introduites dans le
régime des impôts indirects, qui, établis en 1845
et suspendus pendant deux ans, reprirent l'ancienne forme qui leur fut restituée en 1856.

Les anciennes taxes, auxquelles le ministre des
finances substitua les *consumos* et *puertas* (consommation et octrois), rendaient 191 millions de
réaux ; mais le personnel nécessaire à la perception
dévorait le revenu. M. Mon estima le produit des
nouvelles taxes à 180 millions. Elles sont com-
prises, en 1860, pour 390 millions dans le total de
432 millions applicable aux impôts indirects et
ressources éventuelles. Ce même chapitre des recettes est porté à 458 millions dans le Budget de
1861 ; il n'a fait qu'augmenter dans les Budgets
suivants. Cette augmentation est un fait qui établit d'une manière incontestable le développement
de la richesse publique. C'est principalement sur
le revenu des impôts de consommation et de
douanes que les améliorations extérieures ont
exercé et doivent exercer le plus d'influence.

Il est une autre source de revenu dont le Gouvernement espagnol doit savoir tirer parti dans l'intérêt de ses finances, c'est le désamortissement, ou
vente des biens de mainmorte.

On sait que cette vente fut la ressource à peu

près unique des ministres progressistes pour fermer toutes les brèches faites au revenu de l'État. Les biens de mainmorte, appartenant au clergé, aux communes, aux corporations civiles, aux ordres de chevalerie, représentaient, d'après l'évaluation de 1855, un total de 6 milliards de réaux, qu'il était, ce semble, d'une sage politique de ménager.

Le ministère Armero-Mon fit une distinction entre les propriétés ecclésiastiques et les propriétés civiles. Ne voulant pas recourir, comme son prédécesseur, à des emprunts onéreux, il crut le désamortissement des seules propriétés possible et profitable.

Le ministère Isturitz en fit une des ressources de son Budget; mais O'Donnel fut plus heureux. Grâce au Concordat signé à Rome et approuvé par la loi du 4 novembre 1859, le Gouvernement put vendre la plus grande partie des propriétés ecclésiastiques, à la condition d'accorder en retour des titres de rente 3 pour 100 inaliénables dans une proportion librement débattue. Ce résultat, obtenu après de longues négociations, mit dans les mains du Gouvernement un gage dont l'importance politique est évidente.

Nous allons voir que la dette publique se ressentit, à son tour, du bienfait de ces réformes qui profitaient si largement au revenu.

Il est incontestable que le revenu public soldera les charges nécessaires de l'Espagne, en donnant, sans inconvénients, un rendement supérieur. Au produit des contributions déjà mentionnées, nous ajouterons celui des contributions appelées éventuelles.

Ainsi, en quinze ans, les rentes de la régie, *rentas estencadas*, ont plus que doublé. Les droits de douanes n'ont pas suivi, il est vrai, la même progression; mais la faute en est à la contrebande, ce fléau de l'Espagne. Néanmoins nous voyons que le revenu des douanes s'est amélioré. L'année 1856 a donné sur la précédente un accroissement de 22 millions; il a triplé l'année dernière. Que n'obtiendrait-on pas encore, nous ne dirons pas si l'on pouvait détruire, mais diminuer les effets de la contrebande! On évalue, en général, au tiers, sinon à la moitié des objets consommés en Espagne, ceux qui lui sont fournis par la contrebande anglaise, qui s'exerce sur tout le littoral et qui pénètre par la frontière du Portugal, ainsi que par la contrebande française qui franchit les Pyrénées.

Le Trésor espagnol est loin d'avoir tiré encore tout le parti possible des trois principales sources du revenu public, quoiqu'elles aient été bien améliorées : l'impôt foncier, l'impôt indirect, le produit des régies et des douanes. Rendre ces sources plus abondantes et pourvoir ainsi à l'accroissement des dépenses urgentes, c'est là maintenant la tâche du ministère actuel et celle dont il paraît particulièrement se préoccuper. Le généreux abandon, par la reine, des domaines de la couronne,

les emprunts nationaux dont le ministère tente la réalisation .sans obérer le trésor, les économies réalisées sur la perception des impôts, témoignent du désir qu'a le gouvernement de la reine Isabelle de rétablir au plutôt le crédit espagnol. Nul doute qu'avec une pareille résolution il ne parvienne à faire triompher les vrais principes économiques et à doter le trésor de ressources effectives.

Cette réforme économique se poursuit en effet, en ce moment, en Espagne, et si elle vient à n'être pas entravée malheureusement par l'esprit étroit de parti, on verra combien est léger le poids de cette dette publique compliquée dont l'étranger s'effraye à tort, et on fera disparaître toutes ces distinctions de dette active, différée et passive, qui semblent être comme un épouvantail, un souvenir et une menace de banqueroute ; et avec une augmentation de ressources publiques, on terminera enfin tous ces grands travaux intérieurs nécessaires pour développer les richesses naturelles dont nous allons examiner l'importance. Ces richesses sont, à notre point de vue, la base des espérances que l'on peut fonder sur l'amélioration financière de l'Espagne et sur le développement moral et politique qui doit suivre le développement matériel.

# III

## RESSOURCES NATURELLES ET INDUSTRIELLES
## DE L'ESPAGNE

Tout le monde connaît la merveilleuse fertilité du sol de l'Espagne, et l'on sait d'avance tout le développement que prendrait la production des denrées de toute sorte si la population était mieux répartie et si les procédés de culture étaient améliorés.

On n'ignore pas non plus que cette terre recèle d'importantes richesses minéralogiques, et que peu d'efforts suffiraient pour les mettre en valeur.

Comment expliquer, par exemple, l'infériorité de cette riche contrée comparée à la France, si ce n'est par la différence du progrès acquis par les deux pays.

Avec une étendue de 8,508 milles carrés, l'Espagne renferme 16 millions d'habitants ; la France en compte 36 millions sur un territoire de 9,748 milles. Le manque de population est donc un des éléments les plus réels de l'infériorité de l'Espagne.

Tandis que la France ne renferme que 30 pour 100 de son territoire cultivable en céréales, l'Espagne en compte 39 pour 100. La surface totale de l'une est, comme on voit, à peu près égale à celle de l'autre, et le sol de la Péninsule n'est pas assurément moins fertile que le nôtre, et cependant le rendement des céréales est, en France, de 182 millions d'hectolitres contre 66 en Espagne. A quoi faut-il attribuer cette différence, sinon au peu de progrès qu'a fait la culture dans la Péninsule.

La production de l'Espagne dans ses conditions actuelles suffirait à la consommation du pays tout entier, et le bas prix des céréales sur les lieux de production témoigne du besoin indispensable que les producteurs et les consommateurs éprouvent d'en voir faciliter l'écoulement. Or l'état des routes s'oppose à tous les transports.

Ce qui explique comment, en 1849, année d'abondance, le blé se vendait 7 fr. 50 c. l'hectolitre à Médina del Campo et 6 fr. 25 c. à Zamora ; tandis qu'il valait 17 fr. 50 c. en Angleterre. Et comment, en 1852, la vieille cité de Salamanque conservait invendu, dans ses greniers, le cinquième des approvisionnements accumulés, en 1853, à Odessa pour l'exportation.

On pourrait citer aussi l'abondance des produits vinicoles dans la Péninsule, produits qui ne se rencontrent pas seulement dans les provinces méridionales, et qui se trouvent aussi dans la Manche, l'Aragon, etc.; mais il est inutile d'insister sur les richesses agricoles de l'Espagne; personne ne les conteste.

Ce n'est pas seulement, d'ailleurs, en céréales, en vins, en produits agricoles de diverses espèces que l'Espagne abonde; elle semble être aussi l'une des contrées les mieux douées quant à la richesse des mines.

Dans la production générale de la houille, l'Angleterre passe pour fournir plus de 60 p. 100; la France, 8,65; l'Espagne, 0,12. L'année dernière, l'Angleterre a produit 64 millions de tonnes de charbon; aujourd'hui encore, on compte qu'en Espagne l'extraction ne s'élève pas à plus de 400,000 tonnes.

Et cependant l'Espagne possède plusieurs groupes houillers qui, récemment étudiés, promettent les plus belles espérances. Il nous suffira de citer le plus important de ces gisements, qui est situé dans les Asturies, au nord de la chaîne Cantabrique. Placé près le port de Gijon, avec lequel il communique par un chemin de fer de 35 kilomètres, le bassin peut exporter ses produits, qui sont de bonne qualité et très-abondants. Mais ce port ne peut, sans de grands travaux, suffire aux nécessités d'une grande exploitation.

Une seconde houillère, qui n'a pas moins de 100 kilomètres, existe au sud de la chaîne Cantabrique, sur le revers opposé qui sépare la Vieille-Castille des provinces basques et des Asturies. Elle est appelée à prendre le plus grand développement, parce qu'elle est le seul passage possible d'un chemin de fer de la Castille au littoral. La mise en valeur de ce second groupe de charbon, dont les qualités sont semblables à celles du premier, intéresse surtout la Vieille-Castille et les provinces du centre, entièrement dépourvues de combustible. Par malheur, tout y manque, habitations et habitants.

Le bassin houiller d'Espiel et Belmez, situé au pied de la Sierra-Morena, sur les confins de l'Estramadure et de l'Andalousie, n'est pas inférieur aux précédents. Sa proximité d'une des parties les plus riches en métaux de l'Espagne, son voisinage relatif de l'Océan par le Guadalquivir, ont décidé le gouvernement à y amener une voie ferrée. Mais la réalisation de ce projet n'est pas encore effectuée ; et ce n'est qu'à dos de mulet que le charbon d'Espiel et Belmez se transporte dans les environs. L'exploitation rencontre, en outre, des difficultés très-grandes dans l'absence de population.

On trouve enfin d'autres gisements de houilles dans la province de Cordoue, près de Séville, et surtout en Catalogne, etc.

Après la houille vient le fer. Dans la production européenne du fer, l'Angleterre entre pour 60 pour

100, la France pour 13 et l'Espagne pour 1/2 pour 100. Et cependant la nature l'a favorisée, sous le rapport de ce minerai, d'une manière exceptionnelle.

Dans les provinces du Nord, en effet, le minerai de fer est très-abondant et de qualité supérieure. Aux environs de Bilbao, on le trouve en quantités prodigieuses, et les mines de Somorostro produisent un métal qui s'emploie avec avantage, en Europe et en Amérique, pour la fabrication de l'acier.

Il est reconnu que sur cet article le commerce d'exportation pourrait prendre des développements très-importants; mais l'état des communications ne permet point le bon marché du combustible et empêche la création de grandes usines. On connaît les usines de Mières, de Savero, de Truvia; mais combien d'autres pourraient s'élever encore dans les Asturies, si riches en minerai de première qualité! — L'industrie du fer pourrait y prendre de grands développements; mais si elle n'y fait que peu de progrès, c'est que les établissements montés avec toutes les ressources de la science moderne y sont encore trop rares. On rencontre enfin le minerai de fer dans les Asturies, dans la Galice, dans l'Estramadure, en Andalousie, à Malaga et dans l'Aragon.

Après la houille et le fer, nous mentionnerons comme ressources naturelles de l'Espagne deux produits métallurgiques : le mercure et le plomb.

Quant au premier, il suffit de rappeler les mines de mercure d'Almaden, les plus riches du monde avant la découverte des mines de New-Almaden, en Californie ; quant au second, personne n'ignore que l'exploitation des mines de plomb des Alpujarras a fait une véritable révolution dans le commerce de ce métal. Pour avoir une idée de la richesse de ces dernières mines, il suffira de dire qu'avant 1820 les mines royales ne produisaient que 30,000 quintaux de plomb ; — en 1827, la production de ce métal était portée à 800,000 quintaux ; — aujourd'hui, elle s'élève à 38,000 tonnes de plomb, le quart environ de celle du monde entier. Et cette production peut s'accroître encore indéfiniment.

A côté de la production du mercure, il convient de mentionner celle de l'argent.

Aujourd'hui, la consommation du mercure en général est de 31,000 quintaux par an ; le Mexique en réclame 12,000 ; l'Amérique du Sud, 10,000 ; l'Europe, 9,000 seulement. Almaden fournit encore 16,000 quintaux aux besoins industriels du monde, la Californie 7,000, et le reste de l'Europe, principalement Hydria et la Carniole, 3,000. — D'autre part, l'Espagne est le pays de l'Europe le mieux partagé comme producteur d'argent, puisque, sur l'ensemble de 762,000 marcs d'argent fournis par l'Europe, elle entre pour 220,000 marcs, et ses mines ont encore un très-grand avenir.

Mais c'est principalement sur les mines de cuivre

et de zinc qui y ont été reconnues, et dont l'exploitation commence à peine, que la Péninsule et son gouvernement peuvent fonder de grandes espérances. Les mines de cuivre de Rio-Tinto sont inépuisables et d'une production immense; car la production universelle étant de 50 à 60,000 tonnes, on pouvait penser que les mines de Rio-Tinto, dont la richesse est énorme, modifieraient singulièrement le commerce du cuivre. On a encore le droit de l'espérer; malheureusement, tout est à créer dans cette partie reculée de l'Espagne; la population y fait défaut, et ce ne sera qu'avec de grands encouragements de la part du gouvernement de la reine, qu'on pourra obtenir les résultats réservés à l'avenir.

Parmi les autres richesses naturelles de l'Espagne, nous citerons enfin le zinc, dont il existe de nombreux gisements de calamine dans la Biscaye, dans les Asturies et aux environs de Santander, dans des proportions si considérables, qu'ils pourraient placer l'Espagne au premier rang dans le commerce général de ce produit. On y trouve, en outre, des gisements de sulfate de soude naturelle, qui sont très-nombreux et, très-étendus, et dont l'exploitation est appelée à produire une révolution dans les industries qui emploient la soude.

Toutes ces richesses, comme on voit, se prêtent à un très-grand développement commercial et industriel. Le gouvernement espagnol l'obtiendra, non-seulement en réformant la législation qui régit les mines, mais encore en continuant d'accepter et d'encourager le concours du capital étranger, con- cours qui a été déjà fourni par la France dans les plus larges proportions.

Mais une des conditions essentielles pour l'amélioration matérielle de l'Espagne, et par elle la prospérité de ses finances, c'est l'établissement le plus prompt possible d'un système complet de communications intérieures.

Ce qui manque le plus à la Péninsule, ce sont les voies de communication. Depuis 1833, le gouvernement s'était occupé de subvenir à l'établissement de grandes routes ou *carreteras*. Le décret du 7 septembre 1860 fixe à plus de 34,000 kilomètres l'étendue des routes de 1$^{re}$, 2$^e$ et 3$^e$ classe ; mais la moitié à peu près des routes de première catégorie est seule achevée, les deux autres réseaux sont à peine entamés. Or, aujourd'hui, dans le classement officiel, chacune de ces catégories de *carreteras* embrasse plus de 10,000 kilomètres.

D'un autre côté, le gouvernement a porté son attention sur les voies ferrées ; en ce moment l'étendue des chemins de fer en exploitation dépasse 3,340 kilomètres, et il y a dépensé 2 milliards 552 millions de réaux ; par cette dépense il a montré qu'il s'intéressait à un très-haut degré à la prospérité publique.

Un autre ordre de travaux publics réclame de grandes améliorations. Nous citerons les canaux et les rivières, qui, au moyen des aménagements des cours d'eau, rendent d'immenses services à l'agriculture. Sous ce rapport, le gouvernement à beaucoup à faire. Les ports sont aussi dans une situation précaire.

Mais ce qui doit appeler surtout la sollicitude du ministère actuel, et qui ne permet ni délai, ni parcimonie, c'est la création d'un système de petite vicinalité. Au moyen de ces modestes sentiers, on unit entre eux les petits centres de population et même les habitations isolées, qui servent à l'écoulement journalier des produits locaux, à l'alimentation ordinaire des peuples, et, par suite, au bien-être général. Or les chemins vicinaux manquent sur tous les points de la Péninsule. Quelles ne seraient point les conséquences d'une nouvelle organisation de ces chemins pour la propriété foncière, pour la consommation! Quels accroissements n'en résulterait-il point dans le produit des impôts indirects; dans le revenu des chemins de fer, dans les octrois des villes! On s'en fera d'autant plus aisément une idée, qu'on sait tout ce qui a été dit de la fertilité du territoire espagnol et de l'esprit de ses populations.

A ce tableau des principales forces productives du territoire espagnol, nous ajouterons les ressources que le Trésor peut retirer des riches colonies que l'Espagne possède en Amérique et en Asie. Après les avoir énumérées toutes, on se convaincra que le gouvernement espagnol peut faire face à toutes les éventualités financières, s'il n'est pas en-

travé dans sa marche par des mouvements politiques provoqués par l'aveuglement des partis.

Néanmoins, on ne peut s'empêcher de reconnaître qu'en dépit de ses divisions intestines, et contrairement à ce qu'on en pense généralement, l'Espagne marche, et ses pas ne sont. guère moins
rapides dans les temps en apparence les. plus trou-
blés. Il n'en est pas moins vrai qu'il faut admettre
toujours le rétablissement de l'ordre intérieur
comme le gage le plus sûr de ce progrès industriel.

D'ailleurs, sans ordre intérieur pas de crédit public, et ce point a une importance qu'il ne faut
jamais perdre de vue. Il suffit donc pour l'Espagne
qu'elle s'applique de plus en plus à développer les
forces productives de son territoire, à maintenir le
libre exercice de ses institutions.

C'est à la monarchie constitutionnelle, à la politique libérale et conservatrice du gouvernement,
qu'il faut reporter l'honneur d'avoir remis l'ordre
dans les finances, la régularité dans l'administration et le calme dans les provinces. La paix et la
prospérité au dedans, le crédit au dehors, voilà ce
que le peuple espagnol a obtenu d'un régime de
libre discussion, et ce qui signalera dans l'histoire
le règne d'Isabelle II, qui a pu et peut porter encore à un haut degré la prospérité d'une nation
digne de tous les biens.

298. — Paris. — Imprimerie Rouport-Davyl et Cᵉ, rue du Bac, 30.

15

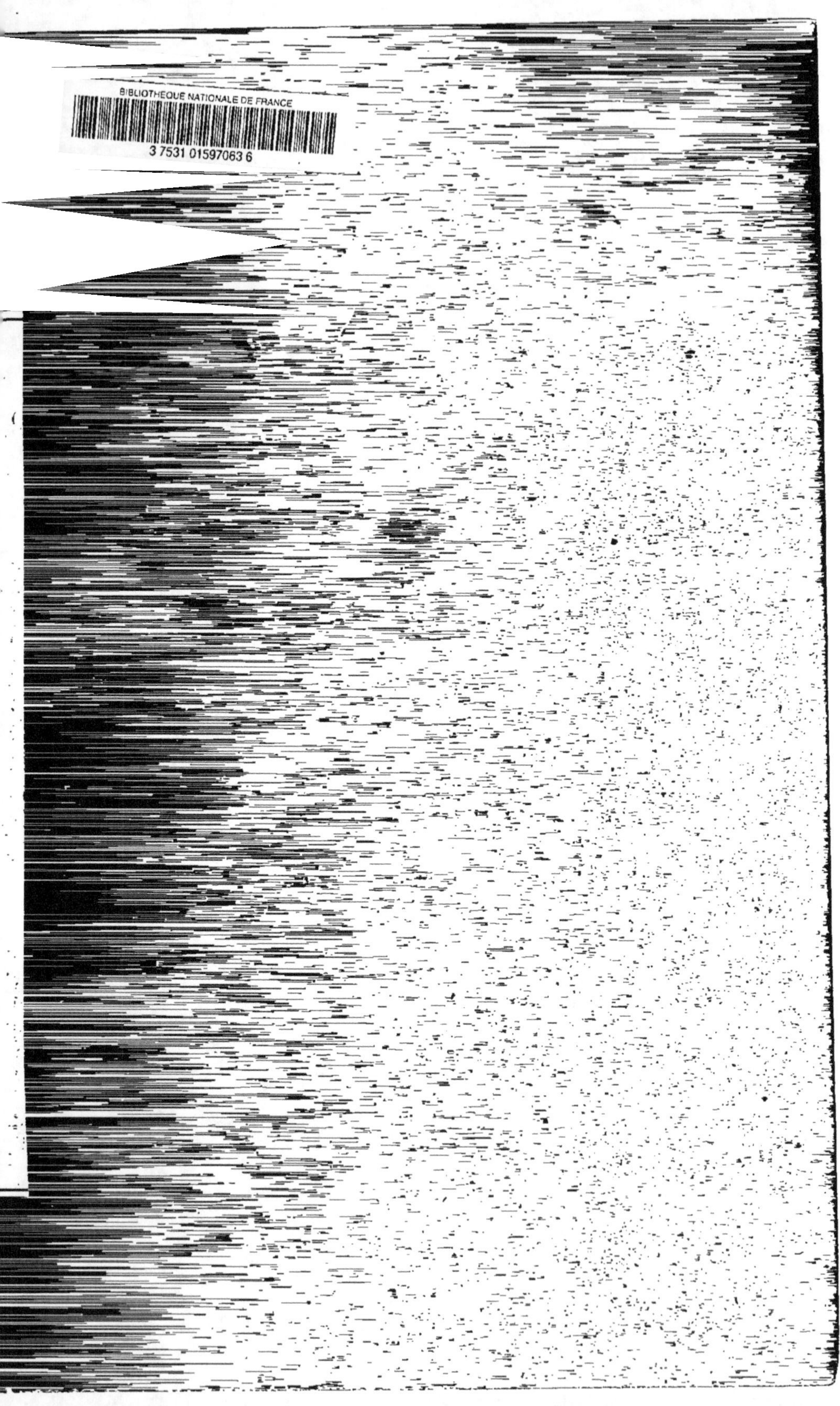